Collection de M. de G...

VENTE LE 10 MAI 1894

HOTEL DROUOT, SALLE N° 9

ESTAMPES

MAI 1894

Mᵉ MAURICE DELESTRE	**M. JULES BOUILLON**
COMMISSAIRE-PRISEUR	Marchand d'estampes de la Biblioth. nationale
27, rue Drouot, 27.	3, rue des Saints-Pères, 3.

CATALOGUE

D'ESTAMPES

DES

ÉCOLES ANGLAISE ET FRANÇAISE

DU XVIIIᵉ SIÈCLE

CATALOGUE

D'ESTAMPES

DES

Écoles Anglaise et Française du XVIIIe siècle

PIÈCES IMPRIMÉES

EN NOIR ET EN COULEUR

QUELQUES DESSINS

*Composant la collection de M. de G***.*

DONT LA VENTE AUX ENCHÈRES PUBLIQUES AURA LIEU

HOTEL DES COMMISSAIRES-PRISEURS, RUE DROUOT, 9, SALLE N° 9

Le Jeudi 10 Mai 1894

à deux heures précises.

Par le ministère de Me **MAURICE DELESTRE**, commissaire-priseur,
Rue Drouot, 27.

Assisté de **M. JULES BOUILLON**, marchand d'estampes de la Bibliothèque
Nationale, rue des Saints-Pères, 3

EXPOSITION PUBLIQUE : Le Mercredi 9 mai 1894
De deux heures à cinq heures
Entrée réservée : rue Grange-Batelière

CONDITIONS DE LA VENTE

Elle sera faite au comptant.

Les acquéreurs payeront CINQ POUR CENT en sus des enchères applicables aux frais de vente.

M. JULES BOUILLON se réserve la faculté de réunir ou de diviser les lots.

———

L'ordre du Catalogue sera suivi.

DÉSIGNATION

ESTAMPES

ALIX (P.-M.)

1 — *Molière* (J. B. Poquelin de), en buste, dans une bordure ovale reposant sur un cartouche où est représentée la scène VII du quatrième acte de Tartuffe, gravé d'après Garneray. In-4 en couleur.

Superbe épreuve avec marge.

BARTOLOZZI (F.)

2 — Les Adieux de Werther à Charlotte. Pièce in-fol. de forme ovale en largeur, imprimée en bistre.

Superbe épreuve avant toute lettre, marge. Très rare en cet état.

3 — Spring, d'après R. Westall, 1790, In-4 en couleur.
Très belle épreuve.

4 — Lady *Smith*, représentée en buste, dans un médaillon In-8, en bistre.

Superbe épreuve avant toute lettre, marge.

5 — *Spencer* (Georgina, countess), d'après Gainsborough, 1783. In-4 en bistre.

Superbe épreuve, marge.

BAUDOUIN (d'après P.-A.)

6 — Le Carquois épuisé, par N. de Launay (E. B., 11).
Superbe épreuve, marge.

7 — Le Chemin de la fortune, par Voyez major (E. B., 14).
Superbe épreuve, toute marge.

BAUDOUIN (d'après P.-A.)

8 — Le Coucher de la mariée, gravé à l'eau-forte par J. M. Moreau, et terminé au burin par J. B. Simonet (E. B., 16).

Superbe épreuve, marge.

9 — Le Danger du tête-à-tête, par Simonet.

Superbe et très rare épreuve avant toute lettre et avant l'encadrement ornementé, marge.

10 — La même estampe.

Très belle épreuve, grande marge.

11 — L'Epouse indiscrète, — La Sentinelle en défaut. Deux pièces faisant pendants, gravées par N. de Launay (E. B., 21 et 44).

Superbes épreuves, toutes marges.

12 — Le Léger vêtement, par Chevillet (E. B., 28).

Superbe épreuve avant la lettre, grande marge.

13 — Le Modèle honnête, gravé à l'eau-forte par J. M. Moreau le jeune, et terminé au burin par J. B. Simonet (E. B., 34).

Superbe épreuve avant toute lettre. Très rare.

14 — Rose et Colas, — La Soirée des Tuileries. Deux pièces faisant pendants, gravées par J. B. Simonet (E. B., 42 et 47).

Superbes épreuves, grandes marges.

15 — La Toilette, par Ponce, 1771 (48).

Superbe épreuve avant la lettre, sans marge, encadrée.

16 — L'Eveillé, par Metz, réduction de la pièce de Baudouin, intitulée : Marchez tout doux, parlez tout bas, imprimée en bistre.

Superbe épreuve avec marge. Très rare.

BEAUVARLET (J.-F.)

17 — *Du Barry* (Mme la comtesse), en costume de chasse, d'après Drouais. In-fol.

Superbe et rare épreuve avant la lettre, marge.

BIGG (d'après W.)

18 — L'Heureuse mère. Grande pièce in-fol. en hauteur, en couleur.

Très belle épreuve, encadrée.

19 — The Stray'd favorite restored, gravé par Tho. Hollyer 1798, en couleur.

Superbe épreuve, encadrée.

BONNET (L.)

20 — La Musique. Jolie pièce in-8, en couleur.

Superbe épreuve, marge.

BOUCHER (d'après F.)

21 — La Confidence, gravée en couleur et publiée chez Bonnefoy.

Superbe épreuve, grande marge.

22 — Madame Favart, dans le rôle de Ninette, gravé aux trois crayons par Demarteau (470).

Très belle épreuve.

23 — Buste de jeune fille regardant en l'air, gravé aux trois crayons par Demarteau.

Superbe épreuve, sans marge.

24 — La même estampe.

Très belle épreuve de couleur différente, sur fond bleu.

25 — La Colombe chérie, gravé par Petit, à la sanguine.

Très belle épreuve, encadrée.

BOUCHER (d'après F.)

26 — La Leçon de flûte, — Nymphes au bain. Deux pièces faisant pendants, gravées aux trois crayons par Demarteau (550-551).

Superbes épreuves, grandes marges.

27 — Le Réveil de Vénus, gravé aux trois crayons par L. Bonnet.

Très belle épreuve.

28 — Les Trois Grâces, gravé à la sanguine par Demarteau (260).

Très belle épreuve.

29 — Vénus et les amours, par Demarteau (74).

Très belle épreuve.

30 — Vénus couchée sur un dauphin, gravé à la sanguine par Petit.

Belle épreuve.

31 — Vénus couronnée par les amours, — Vénus désarmée par les amours. Deux pièces faisant pendants, gravées aux trois crayons par Demarteau (378-379).

Très belles épreuves.

BOUCHER ET HUET (d'après)

32 — La Toilette de Vénus, — Vénus et l'Amour. Deux pièces faisant pendants, gravées aux trois crayons par Demarteau (575-576).

Très belles épreuves.

BURKE (M.)

33 — *Richmond* (Her grace the Dutchess of), d'après Donmman, 1788, en couleur.

Superbe épreuve, marge.

CARINGTON-BOWLES

34 — The Cunning harlot, — The Contemplative charmer. Deux pièces en couleur publiées en 1777 et 1780.

Très belles épreuves, encadrées.

CHEVAUX (d'après)

35 — Les Deux sœurs, — Le Secours urgent. Deux pièces en couleur faisant pendants, gravées par Moté et publiées chez Bonnet.

Superbes épreuves. Très rares

COLLYER (J.)

36 — *Banks* (Lady), d'après Russell, 1790. In-8.

Superbe épreuve, marge.

COSWAY (d'après R.)

37 — *Cosway* (Mrs), par Schiavonetti, 1794. In-4.

Superbe épreuve, marge.

COUTELLIER

38 — *Du Gazon* (Mme), reçue à la Comédie italienne, 1776. In-4 en couleur.

Très belle épreuve du premier état, montée en dessin sur papier bleu, encadrée.

39 — *Maillard* (Mlle), de l'Académie royale de musique. In-4 en couleur.

Superbe épreuve, grande marge.

DAULLÉ (J.)

40 — *Lavergne* (Mlle), d'après J.-Et. Liotard, son oncle (Didot, 347).

Superbe épreuve de ce portrait rare, non décrit par M. Delignières.

DEBUCOURT (P.-L.)

41 — Le Menuet de la mariée, 1786, en couleur.

Superbe épreuve, encadrée.

42 — Frascati.

Superbe épreuve en couleur, avant toute lettre.

43 — Minet aux aguets, en couleur.

Superbe épreuve, grande marge.

44 — Calèche se rendant au rendez-vous de chasse, d'après C. Vernet.

Superbe épreuve, avant la lettre, encadrée.

45 — Course du grand prix faite au Champ de Mars, à Paris, par les chevaux qui ont remporté les premiers prix dans leurs départements, d'après C. Vernet.

Superbe épreuve, encadrée.

46 — Préparatifs d'une poule entre cinq chevaux de course d'après C. Vernet.

Superbe épreuve, encadrée.

DEBUCOURT (d'après P.-L.)

47 — Promenade du jardin du Palais-Royal. Petite réduction gravée à la manière du lavis.

Superbe épreuve, Très rare.

DESCOURTIS

48 — Vue des Tuileries, du côté du château, — Vue des Tuileries, du côté du Pont tournant. Deux charmantes petites pièces de forme ronde, faisant pendants, gravées en couleur d'après de Machy.

Très belles épreuves, montées en dessin.

49 — L'Impératrice Catherine de Russie. In-fol. en couleur

Superbe épreuve avant toute lettre, encadrée.

DICKINSON (W.)

50 — Hop pickers, d'après H. Bunbury, 1803, en couleur.

Superbe épreuve, marge.

DONNMAN (d'après J.)

51 — *Billington* (Mrs), gravé par Dunkarton. In-4 en manière noire.

Superbe épreuve avec les noms des artistes à la pointe.

ÉDYE (J.)

52 — Halte en voyage. Jolie pièce en couleur de forme ronde, 1786.

Superbe épreuve, marge.

L'ÉVEILLÉ (J.-Auguste)

53 — *Dugazon* (Mme), — *Saint-Val* (Mlle). Deux portraits en buste dans des médaillons de forme ovale, avec bordures à filets noir et lavis, publiés par Demarteau (612-613). Ces deux personnages sont représentés dans leurs costumes de création, des rôles de Suzanne et de Chérubin, du Mariage de Figaro. En couleur.

Superbes épreuves avec marges. Très rares.

FATOU (J.)

54 — *Cosway* (Maria), d'après elle-même. In-4 en bistre, encadrée.

Très belle épreuve, grande marge.

FLEURS

55 — **Carle** (d'après). Fleurs coloriées, dessinées d'après nature par Carle, gravées par Bonnet. Douze feuilles de divers cahiers.

Très belles épreuves. Rares.

FLEURS

56 — **Karell** et **Kurner** (d'après). Bouquets de fleurs. Suite de dix-huit pièces gravées par G. Stetter, en couleur.

> Très belles épreuves.

57 — **Robert** (N.). Recueil de diverses fleurs, dessinées et gravées d'après nature par N. Robert, pour l'amusement des dames. A Paris, chez la veuve de F. Chereau. Trente et une pièces en couleur.

> Très rares.

58 — **Tessier** (d'après L.). Livre de principes de fleurs, dédié aux dames, dessiné par Louis Tessier, gravé par Chevilet. A Paris, chez la veuve Chereau. Vingt-cinq pièces en couleur.

> Rares.

FRAGONARD (d'après H.)

59 — La Chemise enlevée, par E. Guersant.
> Superbe épreuve.

60 — La Gimblette, par Bertony.
> Superbe épreuve avant toute lettre et avant la draperie.

61 — Les Hazards heureux de l'escarpolette, par N. de Launay.
> Superbe épreuve du quatrième état, ovale équarri, toute marge.

62 — Ma Chemise brûle, par Augustin Legrand, en couleur.
> Superbe épreuve.

63 — Le Montreur d'ours, — Intérieur de parc. Deux pièces gravées par Saint-Non, imprimées sur une même feuille.
> Très belle épreuve, marge.

FREUDEBERG (d'après S.)

64 — La Complaisance maternelle, par N. de Launay.
> Superbe épreuve avant la dédicace, toute marge.

FRÉUDEBERG (d'après S.)

65 — L'Evénement au bal, par Duclos et Ingouf.

Superbe épreuve avec la tablette blanche, marge.

66 — La Leçon de clavecin, — La Leçon de guitare. Deux charmantes compositions, des plus intéressantes comme costumes et intérieurs, faisant pendants, en couleur.

Superbes épreuves. Très rares.

FRYE (T.)

67 — Portrait d'une jeune femme, vue de trois quarts et dirigée vers la gauche ; coiffure et collier de perles (20).

Superbe épreuve.

68 — Portrait d'une jeune femme, vue de trois quarts et dirigée vers la droite ; coiffure ornée de perles, collier de dentelles ; elle tient un éventail à la main (22).

Superbe épreuve avec une petite marge.

GERARD (d'après Mlle)

69 — Les Regrets mérités, par N. de Launay.
Superbe épreuve avant la lettre, marge.

GREUZE (d'après J.-B.)

70 — La Cruche cassée, par J. Massard. 1773.
Superbe épreuve.

71 — La Laitière, par J.-C. Levasseur.
Superbe épreuve, marge.

72 — La Philosophie endormie (portrait de Mme Greuze) gravé, à l'eau-forte par Moreau le jeune et terminé au burin par Aliamet.

Superbe épreuve avant toute lettre, non entièrement terminée. Dans cet état, le corsage est complètement boutonné jusqu'au haut, tandis que dans les épreuves terminées il est entr'ouvert et laisse apercevoir la chemise. Très rare.

HOPPNER (d'après J.)

73 — *Duncan* (The right Honble Adam), gravé par J. Ward.
1798, en couleur.

Superbe épreuve, avec marge.

74 — Her royal highness Princess Mary fourth Daughter to
their Majesty, gravé par Caroline Watson. 1785.

Très belle épreuve, grande marge.

75 — Cecilia, par J. Baldrey. In-4, en couleur.

Très belle épreuve.

76 — Venus et l'Amour, par P.-W. Tomkins. 1789.

Superbe épreuve avant la lettre, imprimée en bistre.

HUET (d'après J.-B.)

77 — L'Amour offrant des présents à Arianne, — Offrande
présentée par l'Amour à la Fidélité. Deux pièces faisant
pendants, gravées en couleur par Bonnet.

Superbes épreuves, marges.

78 — Le Repos de la fermière, gravé aux trois crayons, par
Demarteau (471).

Très belle épreuve

JANINET (F.)

79 — Marie-Antoinette d'Autriche, reine de France et de
Navarre. 1777. In-folio.

Superbe épreuve en couleur. Son cadre ornementé, rehaussé d'or, est
monté sur charnière; il est mobile et n'est pas fixé à l'estampe, qui
a une très grande marge. Dans un cadre en bois, avec fronton.

80 — La Toilette de Vénus, d'après F. Boucher, en couleur,
encadrée.

Magnifique épreuve avant la lettre, grande marge. Très rare en cet
état.

JANINET (F.)

81 — Projet de monument à ériger pour le roi, d'après de Varennes et Moreau le jeune, en couleur.
Superbe épreuve avant la lettre, portant au verso les signatures de de Varennes et de Janinet. Rare.

82 — Amour tu fais des jaloux, d'après Boucher, en couleur.
Très belle épreuve. Rare.

83 — La Compagne de Pomone, d'après Saint-Quentin, en couleur.
Très belle épreuve avant toute lettre.

84 — L'Oiseau privé, d'après Lagrenée, en couleur.
Superbe épreuve avant toute lettre.

KAUFFMAN (d'après ANGELICA)

85 — Lady Rushout and Daugter, gravé en couleur par J. Burke.
Superbe épreuve de la plus grande fraîcheur, toute marge. Très rare en aussi bel état de conservation.

LAVREINCE (d'après N.)

86 — Ah ! laisse-moi donc voir, par Janinet (E. B., 2).
Magnifique épreuve, toute marge.

87 — L'Assemblée au Salon, par Dequevauviller, 1783 (E. B., 6).
Très rare épreuve à l'état d'eau-forte pure.

88 — L'Aveu difficile, par Janinet, en couleur (E. B., 8).
Superbe épreuve avant toute lettre ; seulement le nom de F. Janinet, 1787, tracé à la pointe sous le trait carré, marge du cuivre.

89 — La Balançoire mystérieuse, par Vidal (E. B., 9).
Superbe épreuve d'un état non décrit. Elle est avant la lettre, avec les noms des artistes gravés, mais avant le flot, grande marge.

90 — La Comparaison, par Janinet, en couleur (E. B., 12).
Superbe épreuve, toute marge.

LAVREINCE (d'après N.)

91 — Le Concert agréable, par C.-N. Varin (E. B., 13).

Superbe épreuve avant toute lettre, seulement les noms des artistes tracés à la pointe, marge.

92 — Le Contretemps, par F. Dequevauviller (E. B., 15).

Très belle épreuve d'un état non décrit, avec le titre et les noms d'artistes seulement, marge.

93 — Les deux cages ou la plus heureuse, par de Bréa, en couleur (E. B., 19).

Superbe épreuve. Rare.

94 — Ha ! le joli petit chien, — Le petit conseil. Deux pièces faisant pendants, gravées en couleur par Janinet (E. B., 27 et 48).

Superbes épreuves. Rares.

95 — L'Indiscrétion, par Janinet (E. B., 50), en couleur.

Magnifique et toute première épreuve avant toute lettre; seulement le nom de *F. Janinet, sculp.* tracé à la pointe sous le trait carré, avant que le pied de la femme qui est assise, ait été dessiné. Elle est de la plus grande fraîcheur et a toute sa marge. Extrêmement rare de cette qualité.

96 — Le Lever des ouvrières en modes, gravé en couleur par L. C. (E. B., 36).

Superbe épreuve. Très rare.

97 — Le Lever des ouvrières en modes, par J.-B. Compagnie, en couleur.

Très belle épreuve, marge.

98 — Les Nymphes scrupuleuses, par Vidal (E. B., 42).

Superbe et très rare épreuve avant toute lettre et avant la guirlande.

99 — Les Offres séduisantes, par J.-L Delignon (E. B., 43).

Superbe et très rare épreuve avant toute lettre, seulement les noms des artistes tracés à la pointe.

LAVREINCE (d'après N.)

100 — Le Repentir tardif, par Le Vilain (E. B., 52).
Superbe épreuve, toute marge.

101 — Le Roman dangereux, par Helman. 1781.(E. B., 56).
Superbe épreuve, grande marge.

102 — The Green Plot (E. B., 10, des pièces douteuses), — The Grove, pièce non décrite. Deux sujets faisant pendants.

Superbes et très rares épreuves avant toute lettre et avant la tablette, toutes marges. Très rares dans cet état et dans cette condition.

LAWRENCE (d'après sir Th.)

103 — *Blessington* (The Countess of), gravé par Samuel Cousins. 1837.
Très belle épreuve, marge.

104 — *Croker* (Miss), gravé par Samuel Cousins. 1828. In-fol.
Très belle épreuve, grande marge.

105 — *Dover* (Lady) and her son the Honble Henry Agar Ellis, gravé par Samuel Cousins. 1831. In-fol.
Très belle épreuve, grande marge.

106 — *Gordon* (The Lady Georgina), gravé par Lewis. In-fol.
Très belle épreuve, toute marge.

107 — *Grosvenor* (Elisabeth, Countess), gravé par Samuel Cousins. 1833.
Très belle épreuve, toute marge.

108 — *Macdonald* (Miss), gravé par Samuel Cousins. 1831.
Très belle épreuve, grande marge.

109 — *Macdonald* (Miss), gravé par Samuel Cousins. 1831.
Très belle épreuve, toute marge.

LAWRENCE (d'après SIR TH.)

110 — The Child with flovers. (Portrait de Louisa Georgina Augusta Anne Murray), gravé par G.-T. Doo. 1834. In-fol., en pied.

Très belle épreuve, grande marge.

LE BEAU

111 — *Colombe* (Mlle), l'aînée. In-4.

Très belle épreuve avant toute lettre.

LE BEL (d'après E.)

112 — Le Coup de vent, par A. Girardet.

Superbe épreuve avant la lettre, grande marge.

LEPEINTRE (d'après C.)

113 — La Cage symbolique, par Fessard.

Superbe et très rare épreuve avant toute lettre, avec le fleuron; la tablette est blanche et indiquée par un simple filet. Le chat sur la table, à côté de la cage, est vu de face, grande marge.

LE PRINCE (d'après)

114 — Etude de femmes russes, gravé à la sanguine par Demarteau (247).

Très belle épreuve.

LEVACHEZ

115 — Joséphine Tascher de Lapagerie, impératrice. In-fol., en couleur.

Superbe épreuve, grande marge.

116 — La Danse des chiens, d'après C. Vernet, en couleur.

Superbe épreuve, marge.

117 — Costumes modernes français et anglais, d'après C. Vernet, en couleur.

Superbe épreuve, grande marge.

LÉVILLY (J.-P.)

118 — What you will, d'après J.-R. Smith, en couleur.

Très belle épreuve, encadrée.

MERCIER (d'après Ph.)

119 — L'École des jeunes filles, gravé à la manière noire par Faber.

Belle épreuve.

MILLER (d'après W.)

120 — Animal affection. — Innocent recreation. Deux pièces en couleur faisant pendants, gravées par J. Godby. 1799.

Superbes épreuves, marges.

MONSALDY

121 — *Dugazon* (Mme), d'après Isabey. In-4 en couleur.

Superbe et ancienne épreuve, marge.

MOREAU (d'après J.-M.)

122 — *Marie-Antoinette*, en-tête de page pour les Annales du règne de Marie-Thérèse, gravé par Gaucher. In-8.

Magnifique épreuve tirée hors texte, avec les noms d'artistes tracés à la pointe, marge in-4, non ébarbée. De la plus grande rareté en cet état et condition, encadrée.

123 — La Plaine des Sablons, revue passée par Louis XVI, des gardes-françaises et des gardes-suisses, gravé par Malebeste (892).

Superbe épreuve du deuxième état, avant la lettre. Les marges sont couvertes d'essais de burin, grande marge. Très rare.

124 — La Grande Toilette, par A. Romanet.

Superbe épreuve avec les lettres A. P. D. R., toute marge.

125 — Ceremony of Te Deum by the allied armies of the square of Louis XV, at Paris the 10th april 1814. In-fol. en couleur

Très belle épreuve.

MORLAND (d'après G.)

126 — The fruits of Early industry and œconomy, gravé par
par W. Ward. 1789.
Superbe épreuve encadrée. Rare.

127 — A visit to the Child at Nurse, gravé par W. Ward.
1788.
Superbe épreuve, marge.

128 — Children playing at Soldiers, — Children nutting. Deux
pièces faisant pendants, gravées par Keating et Dayes,
et publiées en 1788.
Superbes épreuves.

129 — Youth diverting age, gravé par J. Grozer. 1789.
Superbe épreuve. Rare.

130 — Children Gathering Black-Berries, — Children fishing.
Deux pièces en couleur faisant pendants, gravées par
P. Dawe. 1788.
Superbes épreuves. Rares.

131 — The Country stable, par W. Ward, en couleur. 1792.
Superbe épreuve, marge.

132 — Constancy, gravé par Bartolotti, en couleur.
Très belle épreuve, encadrée.

MORRET [(E.)

133 — Marie-Louise d'Autriche, impératrice des Français,
d'après Vexberg. In-4 en couleur.
Superbe épreuve, grande marge.

MOUCHET (d'après)

134 — La Méprise, — L'Illusion. Deux pièces faisant pendants, gravées par R. et D., Macret et Anselin.

Superbes épreuves avec l'adresse du graveur, grandes marges.

PETERS (d'après S.-W.)

135 .— Lydia. Très jolie pièce gravée à la manière noire par W.-Dickinson. 1776. *Degl. Git D. un*

Superbe épreuve. Rare.

136 — Musick, gravé par Henry Hudson, 1786, en couleur.

Superbe épreuve de l'ovale seul. La bordure posée dessus est une photographie. Encadrée.

137 — *Bertie* (Lady Charlotte), représentée jouant de la lyre, gravé par W. Dickinson, 1778. In-fol.

Très belle épreuve, encadrée.

138 — *Stephenson* (Miss), par W. Dickinson. 1776. In-fol.

Superbe épreuve.

PFEIFFER (C.)

139 — *Schœnfeld* (la comtesse de), d'après J. Grassi. In-4 en bistre.

Superbe épreuve.

PICART (B.)

140 — Concert dans un parc.

Très belle épreuve, marge.

PRIEUR

141 — Arabesques. Deux gravures au trait, encadrées.

RAMBERG (d'après R.-H.)

142 — Her Royal highness the princess Sophia, gravé par Ogborne. 1789. In-fol. en couleur.

Superbe épreuve. Rare.

143 — Her Royal highness the princess royal, gravé par W. Tomkins, élève de Bartolozzi, 1789. In-fol. en couleur. *D. in*

Très belle épreuve

REYNOLDS (d'après SIR J.)

143 bis — *Abbington* (Mrs), gravé par Watson. In-fol. en pied.

Magnifique et très rare épreuve avant la lettre, encadrée.

144 — Billington (Mrs), in the Character of St. Cecilia, gravé par Cardon. In-8.

Très belle épreuve.

145 — Cornelia and her Children, gravé par C. Wilkin. 1792.

Très belle epreuve.

146 — Felina, gravé par J. Collyer. 1790. In-fol. en couleur.

Superbe épreuve, marge.

147 — The Girl and Kitten, gravé par F. Bartolozzi. 1787. In-4 en couleur.

Très belle épreuve, marge.

148 — *Horneck* (Miss), par R. Dunkarton. In-fol. en manière noire.

Très belle épreuve, encadrée.

149 — *Kauffman* (Angelica), gravé par Bartolozzi. 1780. Imprimé en bistre.

Très belle épreuve avant la lettre.

150 — Caroline, dutchess of Marlborough, with lady Caroline Spencer her Daughter, par R. Houston. 1769.

Superbe épreuve, marge.

151 — *Smyth* (Lady), avec ses enfants, — *Harrington* (Jane, countess of), aussi avec ses enfants. Deux pièces en couleur faisant pendants, gravées par Bartolozzi.

Très belles épreuves, encadrées.

152 — Contemplation (portrait de Mrs Stanhope), gravé par Caroline Watson. In-4.

Superbe épreuve.

REYNOLDS (d'après SIR J.)

153 — *Stanhope* (Mrs) gravé par J. R. Smith, 1780. In-fol.
  Superbe épreuve avec grande marge, encadrée.

154 — *Tarleton* (lieutenant-colonel), par J. R. Smith, 1782.
  In-fol. en couleur.
  Très belle épreuve.

154 *bis*. — Portrait de femme en pied, debout, recevant une
  ceinture des mains d'une divinité qui lui apparaît sur
  des nuages ; à ses pieds, un paon, gravé par Dixon,
  1771.
  Magnifique épreuve avant la lettre ; seulement les noms des artistes
  et l'adresse de l'éditeur.

REYNOLDS (S.-W.)

155 — English Lady, d'après J. Jackson, 1830.
  Superbe épreuve avant la lettre, grande marge.

156 — La même estampe.
  Très belle épreuve.

ROWLANDSON (T.)

157 — A French family, — An Italian family. Deux pièces
  faisant pendants, gravées par S. Alken, en couleur, et
  publiées en 1785 et 1786.
  Superbes épreuves. Très rares.

158 — A Kick-up at a hazard table ! Pièce curieuse en couleur, publiée en 1790.
  Très belle épreuve.

159 — Grand-review of the Windsor Camp. Pièce en largeur,
  coloriée.
  Très belle épreuve. Rare.

SAINT-AUBIN (AUG. DE)

160 — Au moins soyez discret, — Comptez sur mes serments.
  Deux pièces faisant pendants (E. B., 406-407).
  Magnifiques épreuves avant toute lettre ; seulement le nom de Aug.
  de Saint-Aubin, tracé à la pointe sous le trait carré, marge.

SAINT-AUBIN (Aug. de)

161 — Le Réfractaire amoureux (E. B., 456).

Superbe et rare épreuve d'un état non décrit, avec le titre, sans aucune autre lettre.

SAINT-AUBIN (d'après Aug. de)

162 — Tableau des portraits à la mode, — Promenade des remparts de Paris. Deux pièces faisant pendants, gravées par P. F. Courtois (E. B. 378 et 382).

Superbes épreuves, grandes marges.

SANDBY (P.)

163 — The encampment in Hydepark, 1780. Pièce imprimée en bistre.

Superbe épreuve, grande marge.

SCHALLE (d'après F.)

164 — Le Panier renversé, gravé en couleur par L. Buisson.

Superbe et très rare épreuve avant toute lettre, marge.

165 — Le Premier baiser de l'amour, par Aug. Legrand

Superbe épreuve, grande marge.

SCHIAVONETTI (L.)

166 — *Cosway* (Mrs), d'après R. Cosway, 1790. In-8, en bistre.

Superbe épreuve.

SERGENT (A.-F.)

167 — Il est trop tard, 1789, en couleur.

Superbe et très rare épreuve avant la lettre.

168 — The Day's folly (la folie du jour).

Superbe épreuve en couleur, grande marge.

169 — Portrait en pied du général Marceau, en couleur.

Superbe épreuve, lettres grises.

SERGENT (A.-F.)

170 — Marie-Thérèse-Charlotte de France, depuis duchesse d'Angoulême, pièce en couleur, publiée à l'occasion du passage de cette princesse à Bâle, le 26 décembre 1793. In-fol. en couleur.

Superbe épreuve.

SHERVIN (J.-R.)

171 — *Devonshire* (la duchesse de), représentée à mi-corps, assise et coiffée d'un grand chapeau garni de plumes et rubans. In-4 en couleur.

Très belle épreuve avant la lettre, marge.

SMITH (J.-R.)

172 — A lady and her Children, releiving a poor Cottager, d'après W. Bigg, 1784.

Très belle épreuve, encadrée.

173 — *Berridge* (miss), d'après Berridge, 1773. In-fol. en couleur.

Très belle épreuve.

174 — *Mills* (Mrs), d'après G. Engleheart, 1786. Gr. in-4, en couleur.

Superbe épreuve, marge.

SMITH (d'après J.-R.)

175 — The Moralist, par W. Nutter, 1787, en couleur.

Superbe épreuve.

SMITH ET WARD

176 — A visit to the Grandmother, — A visit ta the Grandfather. Deux pièces faisant pendants, gravées à la manière noire, d'après Northcote et J. R. Smith, et imprimées en couleur.

Superbes épreuves avec marges.

TOUZÉ (d'après)

177 — Les Amusements dangereux, par Voyez le jeune.
Superbe épreuve avant toute lettre.

VERNET (C.)

178 — Les Chasses du duc de Berry. Suite de quatre pièces
encadrées.
Superbes épreuves imprimées sur papier teinté et rehaussées de blanc,
Très rares.

VERNET (H.)

179 — Allons, bonne chance, — Après, après, là, mes beaux,
— Ça rapproche, — Halali, halali. Suite de quatre piè-
ces, sujets de chasse, encadrées.
Très belle épreuves sur papier teinté, rehaussées de blanc.

180 — Malle-poste, — A stage coach. Deux pièces faisant
pendants.
Superbes épreuves imprimées sur papier teinté, rehaussées de blanc.
encadrées.

WARD (W.)

181 — The citizens retreat, — Selling Rabbits. Deux pièces
en couleur faisant pendants, d'après J. Ward, 1796.
Superbes épreuves, marges.

182 — A Girl Sketching a portrait on the Ground, d'après
R. M. Paye, 1785, en couleur.
Superbe épreuve, marge.

183 — Herself the fairest flower, d'après S. Woodforde, 1815,
en couleur.
Superbe épreuve, marge.

184 — Louisa. In-4, en couleur, de forme ovale, 1786.
Superbe épreuve, marge.

185 — Morning, the fisherman departure, — Evening, the
fisherman retur. Deux pièces en couleur faisant pendants, d'après R. Corbould et publiées en 1799.
Superbes épreuves, marges.

WARD (J.)

186 — A Livery stable, 1796, en couleur.
Superbe épreuve, marge.

WATSON (J.)

187 — *Carpenter* (the misses), d'après Peter [Lion, 1772. In-fol.
Superbe épreuve, marge.

WATTEAU (d'après ANT.)

188 — Feste bacchique, — Le May, — Partie de chasse, — La Balanceuse. Suite de quatre grands panneaux arabesques, gravés par Le Bas, Scotin, Aveline et J. Moyreau.
Magnifiques épreuves de la plus grande fraîcheur, toutes marges.

189 — Jeune femme en buste avec chapeau, gravé aux trois crayons par Demarteau (421).
Très belle épreuve.

WEST (d'après R.)

190 — The love dream, gravé par E. J. Dumée, 1788.
Très belle épreuve.

WESTALL (d'après R.)

191 — *Ayton* (Miss), par G. H. Phillips, 1828.
Très belle épreuve, grande marge.

WHEATLEY (d'après F.)

192 — The Alpine Lovers, par Bransom, 1791.
Superbe épreuve, toute marge.

193 — Un des cris de Londres, gravé par A. Cardon, et publié en 1799.
Superbe épreuve avant la lettre.

WILLE (d'après P.-A.)

194 — Dédicace d'un poème épique, — L'Essai du corset.
Deux pièces faisant pendants, gravées par Dennel.

Superbes épreuves avant toute lettre.

WILLIAMS (d'après W.)

195 — Courtship, gravé en couleur par F. Jukes, 1787.

Superbe épreuve. Très rare.

DESSINS

ANONYME

196 — Études d'amours.

    Deux dessins au lavis d'encre de Chine.

BOUCHER (F.)

197 — Jeune femme en buste, vue de face et coiffée d'un chapeau.

    Au crayon noir, encadré.

CORRÈGE (Ant.-Alegri, dit le)

198 — Tête d'ange.

    Aux crayons de couleur, encadré.

GERARD (Mlle)

199 — Jeune femme en buste, vue de profil.

    A la plume et lavis d'encre de Chine.

LAMI (Eugène)

200 — Arrivée de la cour dans un camp, devant une ville assiégée.

    Esquisse à l'aquarelle, encadrée.

MEISSONIER (E.)

201 — Gentilhomme du temps de Louis XIII.

    A la plume, signé. Il est accompagné de la gravure à l'eau-forte par, Ch. Blanc, et d'une lettre imprimée adressée à M. Emile Galichon, encadré.

PIERRE (J.-B.-M.)

202 — Diane et ses nymphes au bain, surprises par Actéon.

Au crayon noir, encadré.

SAINT-AUBIN (G. DE)

203 — La bataille de Fontenoy.

A la plume et lavis de sépia, encadré.

Imp. D. Dumoulin et Ce, Paris.

PARIS

IMPRIMERIE D. DUMOULIN ET Cie

5, RUE DES GRANDS-AUGUSTINS, 5